CONFÉRENCE DE LA HAYE

1899

PROJET DE RÈGLEMENT INTERNATIONAL

SUR LES

PRISONNIERS DE GUERRE

PRÉSENTÉ A

MM. LES MEMBRES DE LA CONFÉRENCE

PARIS

TYPOGRAPHIE CHAMEROT ET RENOUARD

19, RUE DES SAINTS-PÈRES, 19

—

1899

CONFÉRENCE DE LA HAYE

1899

PROJET DE RÈGLEMENT INTERNATIONAL

SUR LES

PRISONNIERS DE GUERRE

PRÉSENTÉ A

MM. LES MEMBRES DE LA CONFÉRENCE

PARIS

TYPOGRAPHIE CHAMEROT ET RENOUARD

19, RUE DES SAINTS-PÈRES, 19

1899

Nous avons réuni, dans le projet que nous présentons à Messieurs les membres de la Conférence, l'ensemble des dispositions qui nous paraissent pouvoir entrer dans un accord international sur les Prisonniers de Guerre, en écartant toutes celles qui pourraient donner lieu à des divergences d'opinion sur la qualité de Belligérant, ainsi que sur d'autres points juridiques. C'est une œuvre d'humanité que, fidèles à d'anciens et persévérants efforts, nous nous sommes uniquement proposée, avec l'espoir de la faire aboutir, par le concours éclairé et bienveillant des représentants de toutes les Puissances.

Nous avons indiqué sommairement, à l'appui de chacun des articles du projet, nos autorités et nos références. En résumé nous n'innovons rien. Nous résumons et classons, pour être soumis à la sanction unanime des Puissances et entrer, une fois pour toutes, dans le code des États civilisés, tout ce qui, dans ce domaine, a été reconnu juste et nécessaire et mis déjà en pratique dans des Règlements officiels ou par l'usage, ou jugé désirable et adopté par des Assemblées ou des Instituts compétents.

E. R.

PROJET

DE

RÈGLEMENT INTERNATIONAL

SUR LES

PRISONNIERS DE GUERRE

ARTICLE PREMIER. — Les prisonniers de guerre sont des ennemis légaux et désarmés.

Ils sont au pouvoir du gouvernement ennemi, et non des individus ou des corps qui les ont capturés.

On doit agir envers eux avec humanité. Ils ne doivent jamais être insultés, maltraités ou dépouillés. Chacun d'eux est traité avec les égards dus à son rang.

Tout ce qui leur appartient personnellement reste leur propriété, les armes exceptées. Cependant le commandant en chef peut autoriser les officiers à conserver leur sabre ou leur épée, ainsi que les autres armes qui sont leur propriété particulière.

Article 23 de la Déclaration de la Conférence internationale de Bruxelles de 1874. Articles 8 et 10 du Règlement français des prisonniers de guerre, du 21 mars 1893.

Art. 2. — Les blessés et les malades en traitement dans les ambulances et hôpitaux, tombés au pouvoir des armées belligérantes ou recueillis sur le champ de bataille, sont prisonniers de guerre.

Les commandants en chef auront la faculté de remettre immédiatement aux avant-postes ennemis les militaires ennemis blessés pendant le combat, lorsque les circonstances le permettront, et du consentement des deux parties.

Les blessés ou malades qui, après guérison, sont reconnus incapables de servir, seront renvoyés dans leur pays, à l'exception des officiers dont la possession importerait au sort des armes.

Les autres pourront être renvoyés également, à la condition de ne pas reprendre les armes pendant la durée de la guerre (1).

Article 6 de la Convention de Genève. Article 5 du Règlement français de 1893.

Art. 3. — L'échange des prisonniers de guerre est réglé par une entente mutuelle entre les parties belligérantes.

L'échange des prisonniers blessés ou malades, recueillis après un combat, et même des prisonniers

____

(1) Notre projet s'applique uniquement aux prisonniers de guerre. Nous nous sommes donc abstenus d'y faire entrer les dispositions de la Convention de Genève qui concernent le personnel et le matériel du service sanitaire et hospitalier.

valides, peut être effectué immédiatement par un accord réciproque.

**Article 30 de la Déclaration de Bruxelles de 1874.
Articles 11 et 12 du Règlement français de 1893.**

Art. 4. — Les prisonniers de guerre sont soumis aux lois et règlements en vigueur dans l'armée de l'État au pouvoir duquel ils se trouvent.

Tout acte d'insubordination autorise vis-à-vis d'eux les mesures de rigueur nécessaires.

Chaque prisonnier de guerre est tenu de déclarer, s'il est interrogé à ce sujet, ses véritables noms et grade. Dans le cas où il enfreindrait cette règle, il s'exposerait à une restriction des avantages accordés aux prisonniers de sa catégorie.

Articles 28 et 29 de la Déclaration de Bruxelles de 1874.

Art. 5. — Dès que les circonstances le permettent, les prisonniers de guerre sont dirigés sur les localités désignées par l'autorité militaire. La marche et le transport des prisonniers sont réglés de manière à atténuer tout ce qui serait pénible, et qui ne serait pas commandé par les exigences militaires ou nécessité par la force des circonstances.

Une visite médicale a lieu avant le départ; les prisonniers blessés ou malades, reconnus incapables de marcher, sont évacués sur une formation sanitaire.

Les prisonniers de guerre peuvent être assujettis à
l'internement dans une ville, forteresse, camp ou autre
établissement, avec obligation de ne pas s'en éloigner
au delà de certaines limites déterminées ; mais ils ne
peuvent être enfermés que par mesure de sûreté indis-
pensable.

**Article 24 de la Déclaration de Bruxelles de 1874.
Article 23 du Règlement français de 1893.**

ART. 6. — Les mesures à prendre à l'égard des officiers prisonniers de guerre sont déterminées par le
commandant en chef, qui tiendra compte du grade et
du rang de ces officiers.

Ils peuvent être autorisés à se transporter librement
et sans escorte au lieu qui leur aura été assigné comme
résidence, en prenant un engagement écrit, par lequel
ils donnent leur parole de s'y rendre, et en suivant
l'itinéraire qui leur aura été fixé.

Article 34 du Règlement français de 1893.

ART. 7. — Le gouvernement au pouvoir duquel se
trouvent les prisonniers est chargé de leur entretien.

Les conditions de cet entretien peuvent être fixées
par une entente mutuelle entre les parties belligérantes.

A défaut de cette entente, et comme principe géné-
ral, les prisonniers de guerre seront traités pour les
vivres, le couchage, le chauffage, les vêtements, chaus-

sure et linge, sur le même pied que les troupes du gouvernement qui les a capturés.

Ils recevront, pour solde et frais de route, des allo-
cations établies d'une manière convenable, suivant leur
grade et leur rang.

À la conclusion de la paix, il sera dressé un compte
pour le remboursement des dépenses d'entretien des
prisonniers.

**Les trois premiers paragraphes de cet article sont
la reproduction à peu près textuelle de l'article 27 de
la Déclaration de 1874.**

**Pour la solde des prisonniers de guerre, il est diffi-
cile d'aller au delà d'une recommandation générale ;
les règlements français et italien ont des tarifs établis
d'une manière très libérale ; l'on ne peut que souhaiter
de voir l'exemple de ceux-ci s'appliquer partout.**

Art. 8. — L'État peut employer comme travailleurs
les prisonniers de guerre, selon leur grade et leurs ap-
titudes. Les travaux ne doivent pas être excessifs ; ils ne
peuvent jamais être en rapport avec les opérations de
guerre. Dans une place assiégée, les prisonniers ne
peuvent être occupés à des travaux qui les exposeraient
aux projectiles de leurs nationaux.

Les prisonniers peuvent également être autorisés à
travailler au compte d'autres administrations publiques
ou de particuliers, ou même à leur propre compte.

Les travaux faits au compte du département de la
guerre sont payés d'après les tarifs en vigueur pour les

militaires de l'armée nationale exécutant les mêmes travaux.

Lorsque les travaux ont lieu au compte d'autres administrations publiques ou pour des particuliers, les conditions en seront réglées d'accord avec le ministère de la guerre.

Le salaire des prisonniers contribuera à adoucir leur position, et le surplus leur sera compté au moment de leur libération, sauf défalcation des frais d'entretien.

Article 25 de la Déclaration de Bruxelles de 1874. Titre V du Règlement français de 1893.

Art. 9. — Les prisonniers évadés qui seraient repris avant d'avoir pu rejoindre l'armée de leur gouvernement ou quitter le territoire de l'État dont l'armée les a capturés, sont soumis à une surveillance plus rigoureuse, mais ils ne peuvent être punis que disciplinairement.

Quant à ceux qui auraient réussi à s'échapper, ils ne seront punis d'aucune peine s'ils venaient à être repris plus tard.

Article 28 de la Déclaration de Bruxelles de 1874. Article 35 du Règlement français de 1893.

Art. 10. — Les prisonniers de guerre peuvent être mis en liberté sur parole, si les lois de leur pays les y autorisent, et, en pareil cas, ils sont obligés, sous la garantie de leur honneur personnel, de remplir scrupuleusement, tant vis-à-vis de leur propre gouvernement que vis-à-vis de celui qui les a fait prisonniers, les engagements qu'ils auraient contractés.

Dans le même cas, leur propre gouvernement ne doit ni exiger ni accepter d'eux aucun service contraire à la parole donnée.

Les prisonniers de guerre ne peuvent être contraints d'accepter leur liberté sur parole; de même, le gouvernement ennemi n'est pas obligé d'accéder à la demande du prisonnier réclamant sa liberté sur parole.

Tout prisonnier de guerre, libéré sur parole et repris portant les armes contre le gouvernement envers lequel il s'était engagé d'honneur, peut être privé des droits de prisonnier de guerre et traduit devant les tribunaux.

Articles 31, 32 et 33 de la Déclaration de Bruxelles de 1874.

Art. 11. — Il est constitué, dès le début des hostilités, dans chacun des États belligérants, et, le cas échéant, dans les pays neutres qui auront recueilli des belligérants sur leur territoire, un bureau de renseignements sur les prisonniers de guerre. Ce bureau, chargé de répondre à toutes les demandes qui les concernent, reçoit des divers services compétents toutes les indications nécessaires pour lui permettre d'établir une fiche individuelle pour chaque prisonnier de guerre. Il est tenu au courant des internements et des mutations, ainsi que des entrées dans les hôpitaux et des décès, de manière à pouvoir fournir tous les renseignements qui peuvent lui être demandés. La correspondance de ce bureau et celle qui lui est adressée jouissent de la franchise de port.

Le bureau de renseignements est également chargé de recueillir et de centraliser tous les objets d'un usage personnel, valeurs, lettres, etc., qui seront trouvés sur les champs de bataille ou laissés par des prisonniers décédés dans les hôpitaux et ambulances, et de prévenir les intéressés ou leurs familles pour que ces objets puissent leur être remis.

Vœu formulé par le Congrès des œuvres d'assistance en cas de guerre de 1889. Article 108 du Règlement français de 1893.

ART. 12. — Les dons et secours en nature destinés aux prisonniers de guerre seront admis en franchise de tous droits d'entrée et autres, y compris ceux de transit.

Proposition de M. le Premier Délégué de Belgique à la Conférence de Bruxelles de 1874. Vœu du Congrès de 1889. Vœu formulé, dans son rapport, par la commission du Règlement français de 1893.

Art. 13. — Le transport desdits objets, par des voies ferrées exploitées par l'État, aura lieu gratuitement.

Pour les envois par des chemins de fer appartenant à des compagnies particulières, des réductions de tarifs, à défaut de la gratuité, sont recommandées à la bienveillance des Compagnies.

Voir à l'article précédent.

Art. 14. — Les dons et secours en deniers ou en nature qui ne seraient pas adressés à des prisonniers individuellement, ou qui ne pourraient être répartis par des intermédiaires autorisés, seront distribués par les soins de l'autorité militaire, qui s'inspirera des intentions des donateurs.

Les dons arrivés sans destination déterminée seront répartis entre les différents dépôts, d'après les instructions du ministre de la Guerre.

Article 79 du Règlement français de 1893.

Art. 15. — Les sociétés de secours pour les prisonniers de guerre, régulièrement constituées selon la loi de leur pays, et ayant pour objet d'être les intermédiaires de l'action charitable, recevront, de la part des belligérants, pour elles et pour leurs agents, dûment accrédités, les facilités nécessaires, dans les limites tracées par les nécessités militaires et les règles administratives, pour qu'elles puissent accomplir efficacement leur tâche d'humanité. Les délégués de ces sociétés pourront être admis à distribuer des secours dans les dépôts d'internement, ainsi qu'aux lieux d'étape des prisonniers rapatriés, moyennant une permission personnelle délivrée par l'autorité militaire, et en prenant l'engagement par écrit de se soumettre à toutes les mesures d'ordre et de police que celle-ci prescrirait.

Proposition soumise par M. le Premier Délégué de Belgique, à la Conférence internationale de Bruxelles de 1874. Vœu formulé par le Congrès des œuvres d'assistance en temps de guerre dans sa séance du 20 juillet 1889.

Art. 16. — Les lettres, mandats et articles d'argent, ainsi que les colis postaux destinés aux prisonniers de guerre ou expédiés par eux, seront affranchis de toutes taxes postales, aussi bien dans les pays d'origine et de destination que dans les pays intermédiaires.

Proposition de M. le Premier Délégué de Belgique à la Conférence internationale de 1874. Vœux exprimés par le Congrès international de 1889 et par la commission du Règlement français de 1893.

Art. 17. — Les officiers prisonniers pourront recevoir, par l'intermédiaire d'une puissance neutre, le complément, s'il y a lieu, de la solde qui leur est attribuée dans cette situation par les règlements nationaux, à charge de remboursement ultérieur par le gouvernement auquel ces officiers appartiennent.

**Vœu adopté par le Congrès des œuvres d'assistance
en temps de guerre de 1889.**

Art. 18. — Toute latitude est laissée aux prisonniers de guerre pour l'exercice de leur religion, y compris l'assistance aux offices de leur culte, à la seule
condition de se conformer aux mesures d'ordre et de
police prescrites par l'autorité militaire.

Le commandant d'un dépôt peut autoriser les ministres des divers cultes, de la nationalité du pays, à
pénétrer dans le dépôt pour s'y mettre en rapport avec
leurs coreligionnaires.

Les ministres des divers cultes, de nationalité étrangère, munis d'une autorisation spéciale du ministre de
la guerre, peuvent également être admis dans les dépôts.

Article 53 du Règlement français de 1893.

Art. 19. — Les testaments des prisonniers de
guerre sont reçus ou établis dans les mêmes conditions
que pour les militaires de l'armée nationale.

On suivra également les mêmes règles en ce qui
concerne les pièces relatives à la constatation des décès,
ainsi que pour l'inhumation des prisonniers de guerre,
en tenant compte de leur grade et de leur rang.

Articles 102 et 103 du Règlement français de 1893.

Art. 20. — Après la conclusion de la paix, le rapatriement des prisonniers de guerre s'effectuera dans le plus bref délai possible.

Aucun prisonnier ne pourra être retenu, ni sa libération différée pour des condamnations prononcées ou des faits intervenus depuis sa capture, si ce n'est pour des crimes ou délits de droit commun.

(Voir Bluntschli, *le Droit international codifié*, n°s 708 et suiv.)